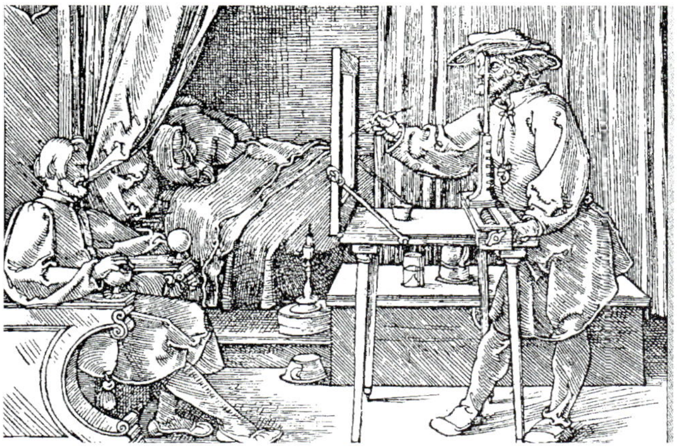

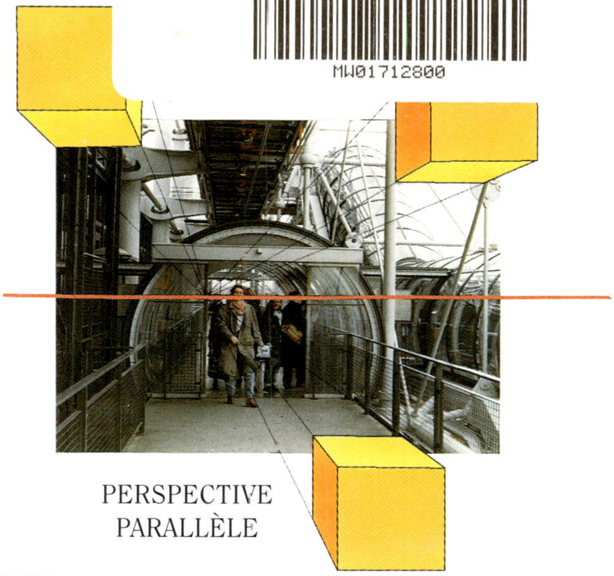

PERSPECTIVE PARALLÈLE

Introduction

Il existe de nombreux systèmes permettant aux artistes de représenter sur une surface plane l'espace à trois dimensions. Les règles de la perspective classique, énoncées à la Renaissance en Italie, se révèlent aujourd'hui encore les plus satisfaisantes. Aux XIVe et XVe siècles, la perspective a profondément renouvelé le traitement des formes ; l'art et la nature ont alors été étudiés d'une façon scientifique et rationnelle. Brunelleschi, Alberti et Léonard de Vinci comptent parmi les principaux théoriciens de ce système de représentation.

Les règles de la perspective sont fondées sur des lois et des critères de géométrie. L'effet de profondeur dans un tableau se déduit de l'observation de la nature. Suivant la place que vous occupez devant le sujet à peindre, vous remarquerez que chaque élément à représenter s'inscrit dans une forme géométrique qui s'amenuise au fur à mesure qu'elle s'éloigne de vous.

Dans le dessin artistique traditionnel, la perspective doit être bien définie, même si elle n'est pas soumise aux normes strictes qui régissent le dessin technique ; ce dernier a pour vocation de représenter, au millimètre près, les distances et les mesures des objets, en plan, en hauteur et de profil, par projection orthogonale.

Pour établir un dessin en perspective, vous devez considérer ce que l'on appelle les points de fuite. Il est important de savoir combien de points de fuite interviennent dans la composition afin de bien dessiner les formes. Selon le nombre de ces points, on distingue trois types principaux de perspective.

La perspective *parallèle* a un seul point de fuite : quand vous vous trouvez placé parallèlement et face à l'objet observé, le point de fuite coïncide avec le point de vue, et occupe une position centrale sur la ligne d'horizon.

La perspective *oblique* a deux points de fuite : quand vous vous situez dans une position oblique par rapport à un objet en volume, et que vous avez devant vous une de ses arêtes, les deux points de fuite sont situés aux deux extrémités de la ligne d'horizon, l'un à droite et l'autre à gauche du point de vue principal.

La perspective *aérienne* a trois points de fuite : dans ce cas, aucune des parties de l'objet n'est parallèle à vous, car vous vous trouvez au-dessus ou au-dessous de l'objet. Deux points de fuite se trouvent sur la ligne d'horizon, le troisième est situé à la verticale et passe par le point de vue principal. Si vous observez la face supérieure de l'objet, le troisième point de vue se situe en dessous de la ligne d'horizon ; c'est la vision qu'offre une vue aérienne. Quand vous observez la face inférieure de l'objet, le troisième point de fuite se trouve au-dessus de la ligne d'horizon ; il s'agit de la vision en contre-plongée.

NOTE : Dans ce *Cahier du peintre*, les lignes de fuite qui caractérisent la composition sont indiquées en rouge.

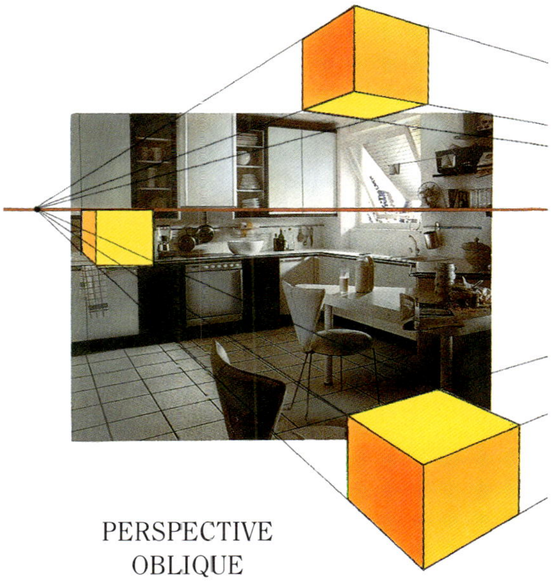

PERSPECTIVE OBLIQUE

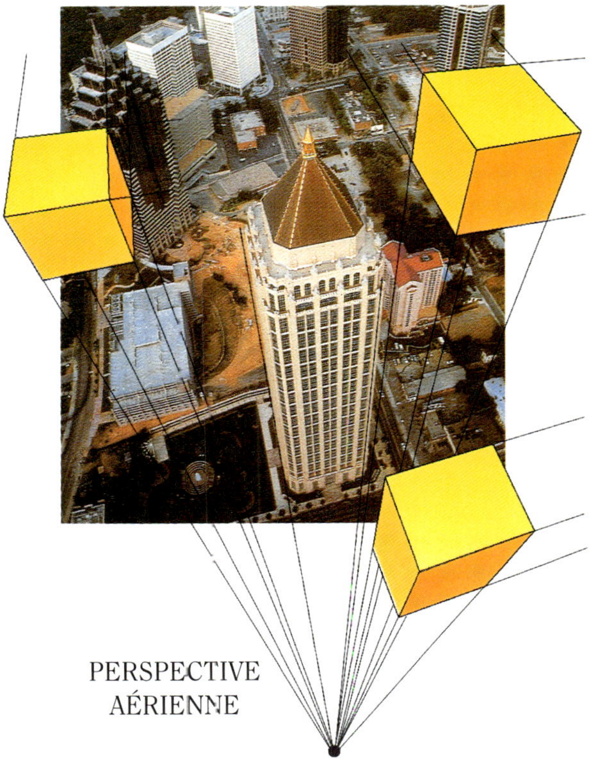

PERSPECTIVE AÉRIENNE

MODÈLE 1

Vue sur les toits

Crayons aquarelle

Lorsque vous observez de très près les différents éléments d'une construction, les points de fuite sont si éloignés que les lignes qui définissent ces volumes, au lieu de converger pour se rejoindre en un même point, paraissent pratiquement parallèles. Elles donnent une étrange sensation d'irréalité, surtout quand il s'agit d'une photographie. Si l'on est placé plus loin, les points de fuite apparaissent clairement, même s'ils ne se trouvent pas dans le cadre de l'image.

Par un effet visuel dû à la photographie, ces grands toits semblent être vus en perspective cavalière plutôt qu'en perspective conique. La perspective cavalière appartient au genre de la perspective axonométrique utilisée pour certains exercices d'architecture, de génie civil ou de dessin. Sa finalité est explicative et non esthétique ; dans ce type de représentation, les points de fuite n'existent pas et les objets se définissent par des lignes parallèles aux axes orthogonaux formant des angles droits.

◄ **1.** Avec un crayon aquarelle gris, tracez les principales lignes qui définissent les structures des toits. Observez l'importance des parallèles.

▲ **2.** En suivant les mêmes axes et avec un autre crayon couleur terre, renforcez les lignes précédentes tout en précisant certains détails comme les portes, les cheminées ou les câbles électriques.

MATÉRIEL

- Papier aquarelle
- Crayons aquarelle
- Pinceau rond moyen
- Gobelet d'eau
- Ruban adhésif
- Planche à dessin

◄ **3.** Commencez à placer les volumes en noircissant les zones restées dans l'ombre avec un crayon gris foncé.

◄ **4.** Passez un pinceau mouillé sur les surfaces coloriées : l'intensité des tons augmente en entrant en contact avec l'eau.

► **5.** En alternant aquarelle et crayon, intensifiez la couleur et faites ressortir les contrastes lumineux, qui ont une grande importance dans la composition.

◄ **6.** Enfin, précisez certains éléments comme les tuiles, les câbles ou les détails des cheminées et les bordures des toits. Les traits au crayon doivent être plus précis pour figurer les contours. En revanche, l'aquarelle vous aidera à créer de larges surfaces de tons unis.

MODÈLE 2

Grande tour bleue

Crayons feutre

La contre-plongée est le type de perspective obtenu lorsqu'on regarde un élément qui nous domine et se dresse vers le ciel. Apparaît alors un troisième point de fuite, situé au-dessus de la ligne d'horizon. Sur cette photo, vous voyez parfaitement comment les murs de la tour, bien qu'ils soient perpendiculaires au sol, semblent obliques et convergent vers un point situé dans le ciel.

Les édifices modernes possèdent un type d'architecture très minimaliste et répétitive ; les lignes qui définissent leur structure sont fort utiles pour comprendre la notion de perspective et les points de fuite.

MATÉRIEL

- Papier satiné
- Feutres à pointe épaisse et plate
- Crayon graphite et règle
- Feutre noir à pointe fine
- Planche à dessin
- Ruban adhésif

◀ 1. À l'aide d'un crayon graphite et d'une règle, représentez la structure des deux édifices par des traits droits et précis. Pour réaliser une esquisse, vous pouvez dessiner à main levée, mais vous aurez besoin de la règle si vous voulez bien voir la ligne de fuite et définir les parties qui composent les deux blocs architecturaux.

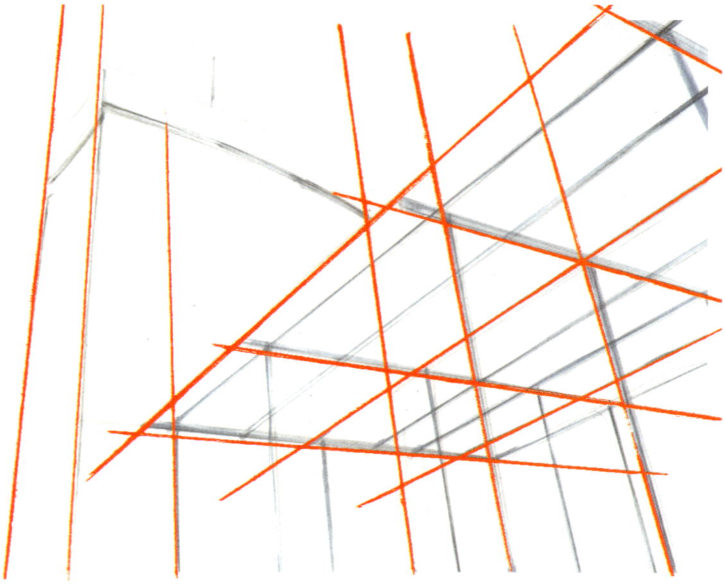

▲ **2.** Avec un feutre gris, à la pointe épaisse et plate, définissez les piliers qui soutiennent l'auvent. Délimitez aussi la zone supérieure, ombrée, du grand building.

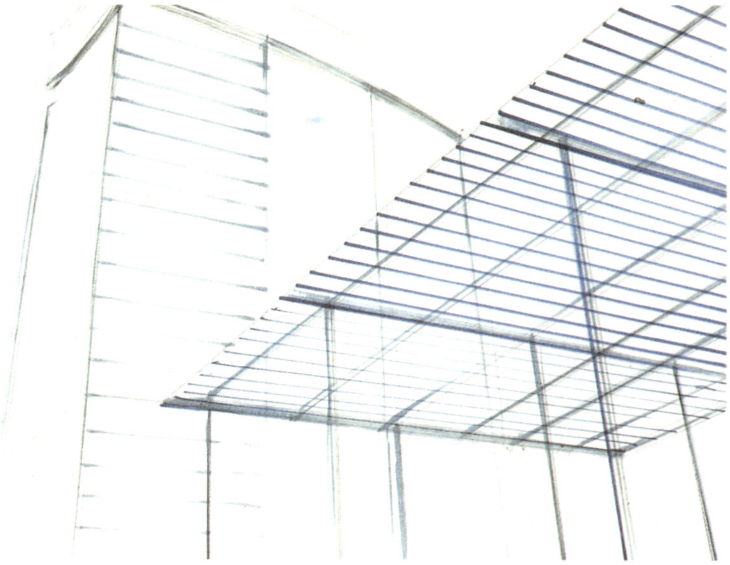

▲ **3.** En alternant traits épais et traits fins, dessinez avec soin les étages de la tour et le grillage de l'auvent. Faites attention au relief des corniches : jouez sur les variations de profondeur.

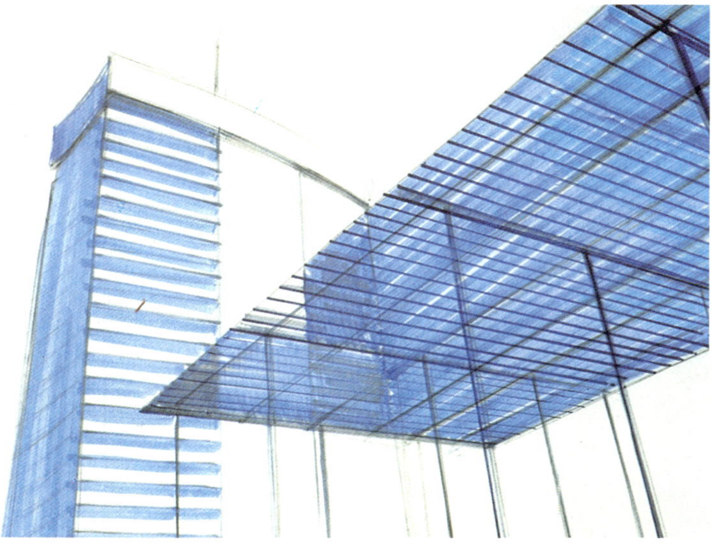

▲ **4.** Une fois que le dessin en noir et blanc est terminé, commencez à introduire la couleur. Avec les feutres bleus, soulignez les lignes de fuite.

▲ **5.** Utilisez deux types de bleu : bleu ciel pour peindre le building et turquoise pour l'auvent. Alternez les lignes bleues pour mieux définir leurs reliefs. Sur la partie gauche de la tour, posez un aplat bleu ciel ; en se mélangeant avec les gris, cela donnera à l'édifice un aspect plus froid.

◄ **6.** Avec un vert émeraude froid et un bleu azur, couvrez le ciel. Introduisez des tons lilas dans les zones d'ombre de la tour et sur les lignes sombres de l'auvent à droite.

► **7.** Avec un bleu foncé, intensifiez les teintes des zones en contre-jour et détaillez la façade de la tour à gauche.

▲ **8.** Pour finir, avec un feutre noir et en renforçant les bleus, définissez et intensifiez les divisions des deux structures. Vous améliorerez ainsi le contre-jour et la qualité de la composition.

MODÈLE 3

La place de l'église

Aquarelle

Cette église baignée de soleil est bâtie sur une petite place à laquelle on accède par un escalier. L'observateur est situé en contrebas. La perspective est à deux points de fuite. La faible distance qui sépare le spectateur de l'église fait que, malgré la hauteur du clocher, le point de fuite supérieur du toit est difficilement représentable ; en revanche, si la photographie avait été prise de plus près, ce point serait beaucoup plus facile à placer.

Observez les lignes fuyantes qui structurent la partie supérieure du clocher : elles présentent une pente plus accentuée que celles qui se trouvent dans une zone intermédiaire et plus proche de la ligne d'horizon. Les lignes se trouvant sous la ligne d'horizon fuient vers le haut.

MATÉRIEL

- Crayon graphite HB
- Aquarelles
- Pinceaux de diverses tailles
- Papier aquarelle
- Table à dessin
- Ruban adhésif

► **1.** Avec un crayon graphite HB, réalisez une étude minutieuse, tant de la perspective que des détails. Cela vous permettra d'appliquer l'aquarelle facilement et vous évitera des erreurs.

◄ **2.** Avec un pinceau fin et une couleur foncée, repassez sur les lignes tracées au crayon. Lorsque vous appliquerez la couleur, cela permettra d'apprécier plus nettement les détails et les éléments qui constituent le décor.

▲ **3.** Commencez à peindre le ciel avec un pinceau rond moyen et un ton gris-bleu violacé, en réservant toute la zone des bâtiments qui se trouvent en-dessous.

◄ **4.** Avec un ton violet et des intensités différentes, couvrez les zones moins lumineuses du décor. Foncez les maisons situées dans la partie droite et utilisez un ton plus doux et délayé pour la zone ombrée de l'église qui, elle, reste blanche.

▲ **5.** Des teintes plus foncées vous permettront de préciser les détails des portes et des fenêtres. Dans les zones de pénombre de la partie droite du tableau, appliquez des tons lilas et des violets profonds et harmonisés.

► **6.** Avec un trait plus appuyé, définissez la partie gauche correspondant à la zone éclairée. Utilisez des tonalités chaudes qui contrastent avec les tons froids de la zone ombrée.

► **7.** Terminez en introduisant quelques tons rosés qui donnent une uniformité et une plus grande chaleur à toute l'atmosphère. Représentez quelques personnages qui accentueront l'effet de perspective et qui rendront la scène plus vivante.

MODÈLE 4

Moulin à café

Peinture à l'huile

La perspective aérienne est le meilleur moyen de représenter un objet vu en plongée. Les photographies aériennes de villes ou d'immeubles permettent d'en comprendre les lois, mais il n'est heureusement pas nécessaire de prendre l'avion pour étudier cette technique. En fait, elle peut être utilisée pour figurer tous les éléments situés à un niveau inférieur à votre ligne d'horizon, comme par exemple les petits objets qui se trouvent habituellement par terre ou sur une table. La forme très particulière de ce moulin à café convient parfaitement à ce type d'exercice.

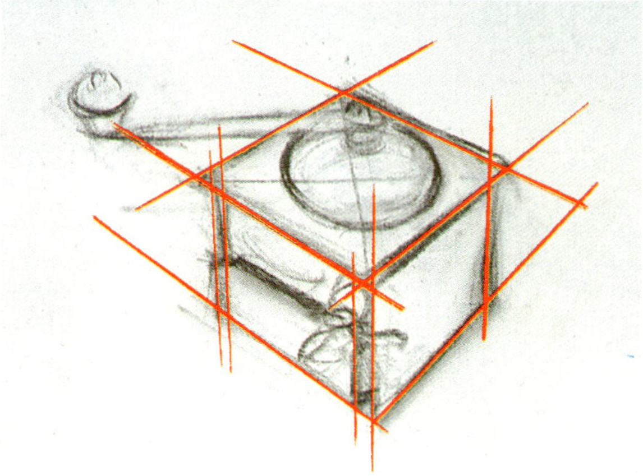

◄ **1.** Avec un fusain, dessinez le moulin à café en représentant avec soin les diagonales qui forment sa partie supérieure, car ce sont les lignes les plus déterminantes de la forme de l'objet.

MATÉRIEL

- Fusain
- Couleurs à l'huile
- Toile sur cadre 12F
- Pinceaux plats
- Essence de térébenthine
- Chiffons

◄ **2.** Avec un ton terre de Sienne, couvrez rapidement le fond tout en renforçant la structure du moulin à café. Utilisez un pinceau épais pour remplir les grands espaces.

▲ **4.** Recouvrez entièrement tous les espaces laissés en blanc en appliquant des touches plates qui plus tard seront nuancées.

► **3.** Commencez à peindre la surface du bois en utilisant diverses tonalités d'ocre. Introduisez quelques touches de bleu sur la partie métallique.

◄ **5.** Par des tons ocre très contrastés, délimitez les plans qui définissent l'objet. Procédez de la même façon avec les bleus du métal et du bras du moulin.

▼ **6.** Pour terminer, renforcez les zones brillantes et ombrées sur l'objet lui-même, mais aussi sur le fond où se reflètent les éclats de lumière et les ombres du moulin.

MODÈLE 5

La ruelle du village

Aquarelle

Quand vous vous trouvez devant une série de bâtiments modernes à l'architecture fonctionnelle, les lignes de perspective apparaissent de façon claire. Mais les conditions que vous rencontrerez dans un village ou dans une petite ville sont très différentes. Les façades des maisons présentent habituellement des imperfections et des irrégularités de relief ; chaussées et trottoirs sont criblés de nids de poules ; enfin, les rues ne sont pas droites mais dessinent des tournants brusques. Ces particularités vous inciteront à tracer une perspective de façon beaucoup plus intuitive que pour des espaces nettement géométriques.

Dans cette vision centrale d'une rue de village, le point de fuite coïncide avec le point de vue de l'observateur. Il s'agit ici d'une perspective parallèle.

MATÉRIEL

- Crayon graphite
- Aquarelles
- Papier aquarelle
- Pinceaux ronds en poil de martre
- Gobelet d'eau
- Chiffons
- Planche à dessin
- Ruban adhésif

◄ **1.** Avec un crayon graphite HB, ébauchez les détails des bâtiments et de leurs structures, particulièrement de la partie gauche, qui est celle que l'on distingue le mieux.

▲ **2.** À l'aide de touches plates et homogènes, couvrez la surface du papier. Pour cela, alternez les tons roses et les tons jaunes. Utilisez un gros pinceau en prenant soin de remplir tout l'espace.

► **3.** Avec un pinceau fin, soulignez d'un ton grenat les détails des maisons : bords des toits, des fenêtres, des portes, des arcades.

◄ **4.** Renforcez les tons orange et ocre sur les murs des maisons. Ce sont les mêmes couleurs, beaucoup plus claires, qui figurent dans le ciel.

▲ **5.** Ajoutez différents bleus dans le ciel et introduisez des violets et des carmins sur les murs des maisons qui ont maintenant des couleurs chaudes.

◄ **6.** Avec des couleurs terre foncée et lilas, accentuez les zones d'ombre des premiers plans.

▲ **7.** Pour finir, nuancez les détails des balcons, des portes et des murs de pierre avec un ton sépia. Accentuez les contrastes de lumière.

MODÈLE 6

Avenue en automne

Crayons à la cire

Lorsque vous observez une avenue bordée d'arbres et de maisons, vous remarquez que plus ces éléments sont éloignés de vous, plus leurs dimensions paraissent réduites. Pour représenter cette scène, utilisez la perspective parallèle. La ligne de fuite de la scène est figurée non seulement par la pente de la rue, mais par les lignes imaginaires qu'établissent la base des arbres et la partie supérieure de leur branchage. Dans ce cas, le point de vue et le point de fuite sont déplacés à droite de l'image, au lieu de se trouver au centre.

▲ **1.** Avec un crayon à la cire couleur terre de Sienne, commencez à mettre en place les différents éléments de la composition. Placez les diagonales qui convergent vers le point de fuite.

◄ **2.** Avec un brun foncé, tracez les contours des arbres et des maisons, en précisant mieux la complexité du décor.

MATÉRIEL

- Crayons à la cire
- Papier ocre clair
- Planche à dessin
- Ruban adhésif

▲ **3.** Commencez à mettre en valeur les zones lumineuses du ciel avec des blancs et des bleus très clairs. Utilisez une couleur sombre pour cerner les parties plus obscures.

► **4.** Choisissez une gamme de couleurs chaudes pour donner de la texture et du volume aux arbres, aux maisons et à la surface du sol.

▲ **5.** Après avoir composé le dessin à grands traits, commencez, avec un tracé plus appuyé, à représenter les détails du panneau de signalisation, ainsi que ceux des portes et des fenêtres des maisons que l'on aperçoit à gauche.

◄ **6.** Travaillez progressivement dans tous les compartiments du tableau, en ajoutant une variété de nuances chaudes et froides et en utilisant des traits différents pour distinguer chacune des surfaces.

7. *(Page suivante.)* Dans l'étape finale de ce paysage, soulignez avec force le contraste entre les zones d'ombre et de lumière. Ajoutez quelques ultimes touches de blanc si vous le jugez nécessaire.

▲ **1.** Commencez le tableau en ébauchant le motif au fusain. Veillez à dessiner correctement la diagonale que forme la pente du pont en rejoignant presque le sol, et l'ellipse qui définit l'arcade.

MODÈLE 7

Le pont de pierre

Peinture à l'huile

MATÉRIEL

- Fusain
- Huiles
- Toile sur châssis 12F
- Pinceaux de diverses grosseurs
- Essence de térébenthine
- Chiffons

Dans une vision en contre-plongée, comme dans une vue aérienne, le point de fuite qui correspond à la verticale dépend du rapport entre la hauteur de l'objet et sa largeur. Dans le cas présent, puisque c'est la longueur du pont et non sa hauteur qui prédomine, les points de fuite horizontaux attirent davantage l'œil, tandis que la verticale a moins d'importance. Le pont s'étend d'un extrême à l'autre de la toile : sa longueur indique les points de fuite sur la ligne d'horizon, notamment la ligne qui fuit vers la gauche et détermine toute l'inclinaison du sujet.

▲ **2.** Avec une couleur terre foncée, repassez sur les lignes qui délimitent le pont et renforcez l'ombre des zones à contre-jour et la végétation. Utilisez un pinceau moyen et plat, sur la tranche, pour obtenir un effet linéaire.

◄ **3.** Sur l'esquisse antérieure, commencez à peindre le fond correspondant au ciel et les montagnes éloignées, avec différentes tonalités de bleu.

◄ **4.** Sur la surface du pont, introduisez quelques tons ocre neutralisés, c'est-à-dire mélangés avec des couleurs complémentaires pour qu'ils perdent leur forte charge de jaune.

► **5.** Peignez le revêtement en pierre du pont en veillant à couvrir les blancs de la toile et à installer correctement les tons clairs et les ombres.

◄ **6.** Nuancez les maisons du fond et ajoutez des tons variés pour enrichir l'aspect des pierres du pont.

▲ **7.** Précisez bien tous les détails, notamment les pierres du pont qui sont les plus proches du spectateur.

MODÈLE 8

Paysage de campagne
Aquarelle

Souvent, quand on voyage en voiture ou en train, on aperçoit des champs ensemencés dont les sillons forment des parallèles bien droites qui convergent en un point éloigné.

C'est l'un des exemples les plus clairs de perspective parallèle, en particulier parce qu'il s'agit d'une surface plane, sans aucune dénivellation, où le point de fuite est évident. Les lignes convergent de façon radiale et avec une netteté absolue vers un point unique. La composition centrale est simple : le ciel, l'horizon et les sillons de terre se dirigent vers le point de fuite situé sur la ligne d'horizon.

MATÉRIEL

- Aquarelles
- Chiffons
- Pinceaux ronds en poils de martre
- Papier aquarelle
- Gobelet d'eau
- Planche à dessin
- Ruban adhésif

▲ **1.** Abordez directement ce tableau avec une aquarelle très diluée. Recouvrez la surface du papier, en employant alternativement des tons rosés pour la terre et plus bleutés dans la partie supérieure.

▲ **2.** Chargez votre pinceau d'une peinture plus épaisse, et tracez la ligne de l'horizon. Elle doit ressortir fortement sur le fond clair.

◀ **3.** Continuez à renforcer la ligne d'horizon en introduisant des tons de vert pour suggérer la végétation du lointain.

▲ **4.** Avec un brun carmin, tracez les lignes qui convergent vers le fond.

▲ **5.** Après avoir mis en place tous les sillons, enrichissez le tableau avec une gamme chromatique à base de couleurs plus foncées, orangées et ocre.

▲ **6.** Pour finir, renforcez l'intensité chromatique générale. Avec un pinceau fin et un ton soutenu, ajoutez des pointillés le long des sillons pour souligner le caractère boueux du terrain.

▲ **1.** Dessinez méticuleusement la totalité de la pièce et les nombreux détails qui la composent, avec des crayons aquarelle noir et brun.

MODÈLE 9

Studio

Crayons aquarelle

Pour réaliser un dessin en perspective, vous n'avez pas besoin de chercher à l'extérieur des immeubles et des avenues aux lignes fuyantes et élaborées. Tous les objets que vous avez sous les yeux sont soumis aux lois de la perspective. À l'intérieur de ce studio, le point de fuite sera moins évident à déterminer que dans un espace ouvert, où la profondeur de champ permet de visualiser l'horizon. Néanmoins, vous devez imaginer comment ce point de fuite vous apparaîtrait si vous vous trouviez derrière les murs, à un endroit quelconque situé en dehors de la pièce.

Souvenez-vous que la difficulté à représenter un espace en perspective ne dépend pas tellement du type de perspective, mais plutôt du nombre d'éléments qui interviennent dans la composition. Dans un intérieur, par exemple, ce sont les nombreux détails et les éléments décoratifs qui rendent ce travail plus difficile.

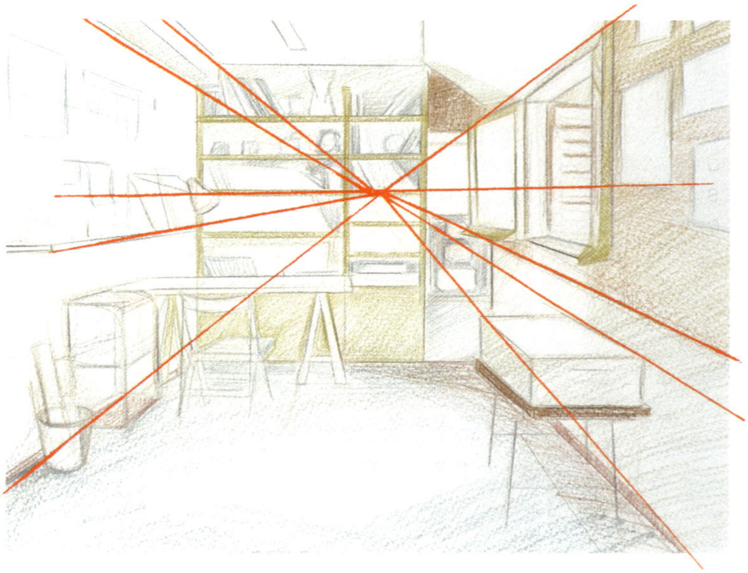

▲ **2.** Par des hachures de tons ocre et gris, couvrez les surfaces correspondant à la bibliothèque du fond et au panneau de liège qui apparaît sur le mur de droite.

◄ **3.** Après avoir indiqué la couleur des murs, du plancher et des principaux meubles, ajoutez un peu d'eau avec un pinceau pour obtenir des contrastes plus francs et plus intenses.

MATÉRIEL

- Crayons aquarelle
- Pinceau rond
- Gobelet d'eau
- Papier aquarelle
- Ruban adhésif
- Planche à dessin

▲ **4.** Avec une règle ou un carton coupé droit, tracez les lignes des meubles et des murs. La règle vous paraîtra très utile chaque fois que vous devrez représenter des espaces géométriques comme celui-ci.

▲ **5.** À ce stade, votre composition se trouve bien avancée : observez maintenant comment le coloris s'est intensifié, dans la mesure où vous avez réservé la zone correspondant à la lumière qui entre par la fenêtre.

▼ **6.** Pour terminer, précisez tous les éléments qui composent ce studio : à droite, le contraste lumineux est plus important qu'à gauche, et les gris et les blancs sont plus soutenus.

MODÈLE 10

Plongée sur les toits

Acrylique

Les toits photographiés ici sont situés à une certaine distance de l'observateur placé en surplomb. Ils sont délimités par un quadrilatère d'immeubles. L'observateur se trouve à l'intérieur d'un cube virtuel : en supposant qu'il soit placé au milieu d'une des parois latérales, la base du cube correspondrait aux toits les moins élevés dont on a une vision aérienne, et les autres édifices apparaîtraient dans une perspective oblique, formant deux des faces latérales du cube imaginaire.

▲ **1.** Faites un croquis avec un crayon graphite et une règle. Dessinez la composition en détail. Plus vous résoudrez de difficultés avec le crayon, plus il vous sera facile ensuite d'ajouter la couleur.

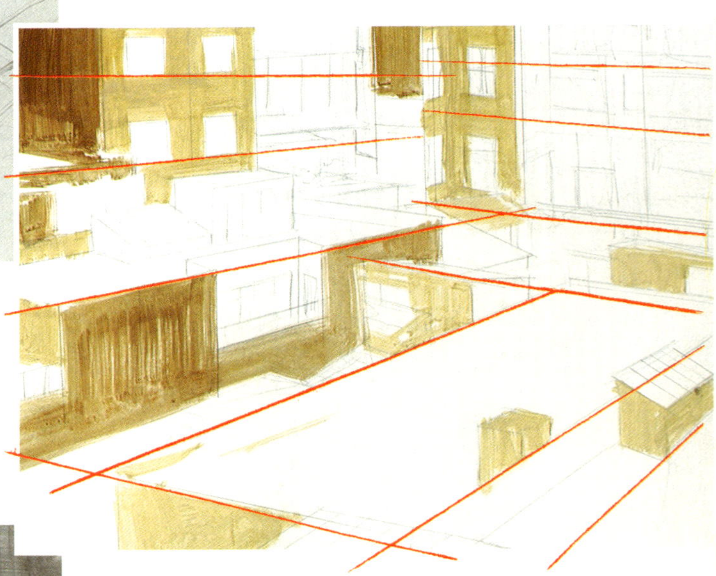

▲ **2.** Commencez à peindre avec une gamme de couleurs terreuses, ocre et terre de Sienne, tous les immeubles qui présentent ce type de chromatisme.

MATÉRIEL

- Crayon graphite et règle
- Acrylique
- Pinceau moyen
- Gobelet d'eau
- Chiffons
- Papier à fort grammage
- Planche à dessin
- Ruban adhésif

◀ **3.** Incorporez les gris et peignez les surfaces des toits avec un ton plus rougeâtre. Avec un pinceau plat moyen, soulignez bien les lignes droites.

▲ **4.** Pour les immeubles situés à droite et qui apparaissent plongés dans l'ombre, utilisez des teintes dans les bleus, les verts, les bruns. C'est la partie la plus sombre du tableau.

▼ **5.** Au fur et à mesure que le tableau évolue, toute la partie droite de la composition se précise. Veillez à ce que les formes soient bien droites et faites attention aux contrastes lumineux et aux zones d'ombre qui se projettent sur les plans rougeâtres.

▼ **6.** Après avoir terminé la partie droite du tableau, peignez les détails de la zone gauche, particulièrement complexe en raison du grand nombre d'immeubles, de balcons et de petits éléments qu'elle contient. Nuancez les couleurs des terrasses dont vous avez une vue aérienne.

MODÈLE 11

Pilier de cathédrale

Encre et calame

L'un des exercices les plus utiles dans l'apprentissage de la perspective consiste à dessiner sur nature les échantillons d'architecture gothique ou romane qui caractérisent de nombreux édifices religieux. Leurs formes et leurs éléments (arcs, voûtes, nefs, travées, galeries, etc.) sont particulièrement complexes et variés. Les représenter constitue un véritable défi, même pour un peintre chevronné. Ces lieux présentent également un avantage : ils sont moins fréquentés que les rues ou que les grandes artères, et le peintre débutant pourra se sentir plus tranquille et plus à l'aise pour y travailler.

► **1.** Ébauchez les premières lignes de fuite avec un crayon sépia ou brun foncé ; dessinez le pilier qui apparaît au premier plan avec ses arcs et ses montants principaux. Tracez également l'esquisse de la partie supérieure de la deuxième colonne coupée par le cadrage de la photographie.

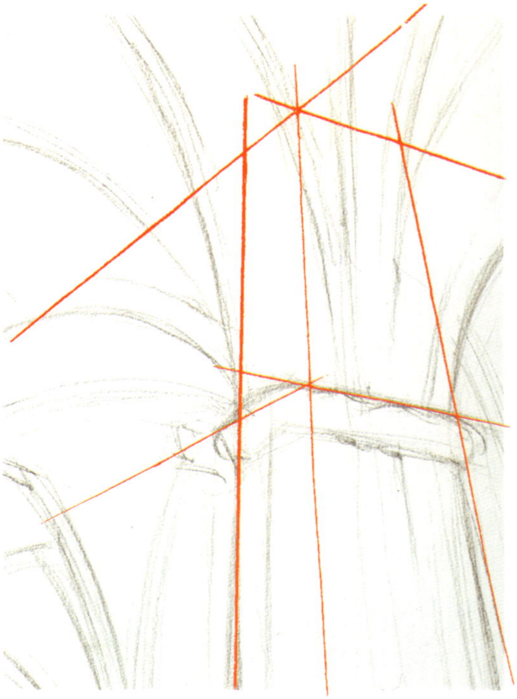

▲ **2.** Avec un calame (un bambou taillé) chargé d'encre couleur sépia, repassez sur les traits de crayon, en ajoutant, le moment venu, quelques détails de la structure.

MATÉRIEL

- Encre liquide sépia et jaune
- Calame
- Pinceau en martre
- Papier à dessin, grain moyen
- Planche à dessin
- Ruban adhésif
- Crayon sépia

► **3.** Posez un lavis au pinceau dans le même ton sépia sur les zones d'ombre pour faire ressortir par contraste les parties les plus éclairées.

▲ **4.** Avec le calame trempé dans le même ton sépia, détaillez les pierres qui forment la structure de la colonne.

▲ **5.** Accentuez les zones les plus foncées de la composition et les lignes de structure.

▼ **6.** Puisque l'encre s'est accumulée dans les zones d'ombre, profitez-en pour repasser le pinceau humide : de cette façon, les tons s'intensifieront.

▼ **7.** Avec un pinceau chargé d'encre liquide jaune, donnez à la composition l'atmosphère chaude qui caractérise les teintes des pierres de cette cathédrale.

▲ **8.** Renforcez le jaune au maximum, pour mieux rendre l'effet des reflets du soleil sur les pierres chaudes.

MODÈLE 12

Paysage de Catalogne

Peinture à l'huile

Un mouvement artistique « moderniste » s'est développé en Catalogne à la fin du XIXe siècle. En architecture, il se caractérise par des formes irrégulières. Consacrée par des artistes comme Gaudí (1852-1926), l'esthétique de ce courant s'exprime par des formes arrondies et une aversion certaine de la ligne droite. En ce qui concerne l'étude de la perspective, ces choix artistiques posent un problème pour trouver la ligne de fuite. La photo de ce bâtiment présente une vue aérienne et frontale sans aucun point de fuite, puisque les murs de l'édifice lui-même ne sont pas rectilignes. Néanmoins, si vous simplifiez la forme de la construction, vous pouvez estimer que, projetée sur le papier, elle s'inscrit dans une circonférence ; c'est donc la forme elliptique qui fera comprendre la perspective de cet édifice.

MATÉRIEL

- Couleurs à l'huile
- Pinceaux de différentes tailles
- Toile sur châssis 20F
- Chiffons
- Essence de térébenthine

▲ **1.** Esquissez la composition au fusain sur la toile blanche. Veillez à préciser les formes originales qui caractérisent ce bâtiment.

▲ **2.** Avec une peinture à l'huile très diluée, peignez le fond du tableau en faisant ressortir l'atmosphère brumeuse du lointain. Réservez l'espace correspondant aux immeubles les plus proches.

◄ **3.** Avec un pinceau plat moyen, ébauchez rapidement les éléments du premier plan, afin de recouvrir les espaces laissés en blanc.

► **4.** Avec un trait plus précis et à l'aide d'un pinceau plus fin, définissez les formes, celles correspondant à la ville dans le fond, comme celles qui sont proches du spectateur.

▼ **7.** Définissez les principaux contrastes du paysage en appliquant divers tons foncés, plus accusés au premier plan et plus fondus au fur et à mesure que vous avancez dans les lointains.

▼ **6.** Pour rendre les reflets du soleil qui éclairent la structure, appliquez directement un blanc très épais.

▲ **5.** Continuez à indiquer les détails, surtout au premier plan. De légers coups de pinceau permettront de définir les reliefs et les formes des deux tours principales avec des tons blancs et bleus.

▲ **8.** Détaillez progressivement tous les éléments de cette construction si particulière, en faisant spécialement attention aux balcons, aux corniches et aux autres ornements architecturaux.

Conseils pratiques

◄ Comprendre la réalité
Toutes les formes perçues par l'œil sont subordonnées à la position qu'un objet occupe par rapport au point de vue du spectateur. Représenter un objet en perspective classique, c'est le situer dans un espace plus grand que lui et savoir quelle position il occupe dans cet espace.

► Évaluer le volume des objets
Le dessin de n'importe quel objet peut être simplifié à l'aide de formes géométriques simples comme le cube, le cylindre, la sphère, etc. Devant de telles formes, la vision en perspective est claire et précise. Il s'agit donc de percevoir la forme des objets, processus de simplification qui est à la base de n'importe quel travail artistique.

L'importance d'une bonne documentation
Il est toujours utile de consulter de bons livres de dessin technique, qui vous dévoileront les secrets de la perspective ; cela vous aidera à comprendre les phénomènes visuels. Si vous disposez de connaissances suffisantes, vous serez également capable de produire des effets surprenants, qui seront fondés sur l'exagération, la déformation ou l'annulation des lois de la perspective : les anamorphoses en sont un exemple saisissant.

◄ L'utilisation de la règle
La règle se révèle souvent un outil nécessaire au dessin en perspective. Elle a pour fonction de faciliter le travail, et vous sera donc bien utile dans la réalisation de certains sujets, notamment dans les représentations de paysages urbains et d'intérieurs. Dans le cas qui nous occupe, la règle a une autre fonction : elle vous aidera à tracer des lignes parallèles ou perpendiculaires, et à définir les points de fuite et la façon dont les lignes convergent vers eux.

DC
COMICS™

MW01712856

Bedtime for Batman is published by
Capstone Young Readers
a Capstone imprint
1710 Roe Crest Drive
North Mankato, Minnesota 56003
www.mycapstone.com

STAR36602

Cataloging-in-Publication Data is available on the Library of Congress website.

ISBN: 978-1-62370-732-3 (jacketed hardcover)
ISBN: 978-1-62370-733-0 (eBook)
ISBN: 978-1-62370-889-4 (saddle-stitch)

Jacket and book design by Bob Lentz

Printed and bound in China.
010723R

words by MICHAEL DAHL
pictures by ETHEN BEAVERS
Batman created by BOB KANE with BILL FINGER

BEDTIME FOR BATMAN™

CAPSTONE YOUNG READERS
a Capstone imprint

Each day, the sun sets.

Each evening, a dark night rises.

Shadows deepen.

Stars cover
the sky.

Suddenly . . .

The hero gets a signal.

He must get ready.

Prepare the Batmobile!

A great adventure awaits!

Moments later . . .
ZOOM!

The hero speeds through the shadows.

Then . . .
It's time to take care of business!

The hero cleans up the daily grime . . .

. . . and brushes aside his fears.

Your dirty deeds are over!

He must lock away whatever he can.

. . . and throw away the key!

For there are
those who depend
on him.

Thank you!

And those he
can count on.

It's up to you, old pals!

The hero watches
over them all.

LOOK! Up there!
It's BATMAN!

He is finally ready . . .

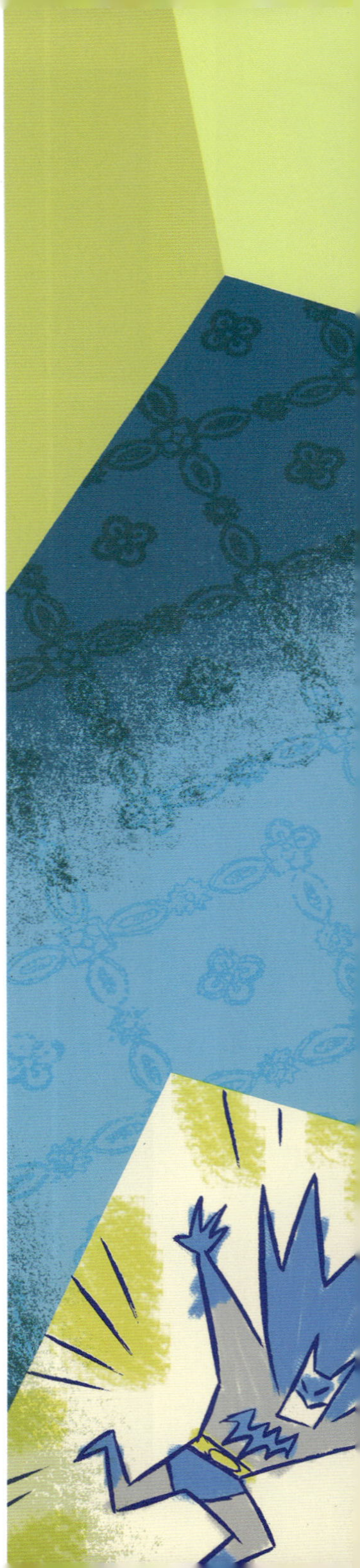

. . . for the
long night
ahead.

Goodnight, Dark Knight.

BEDTIME CHECKLIST!

Potty

Pajamas

Pick up

Bath

Teeth

Story time